A segunda

Guerra

mundial

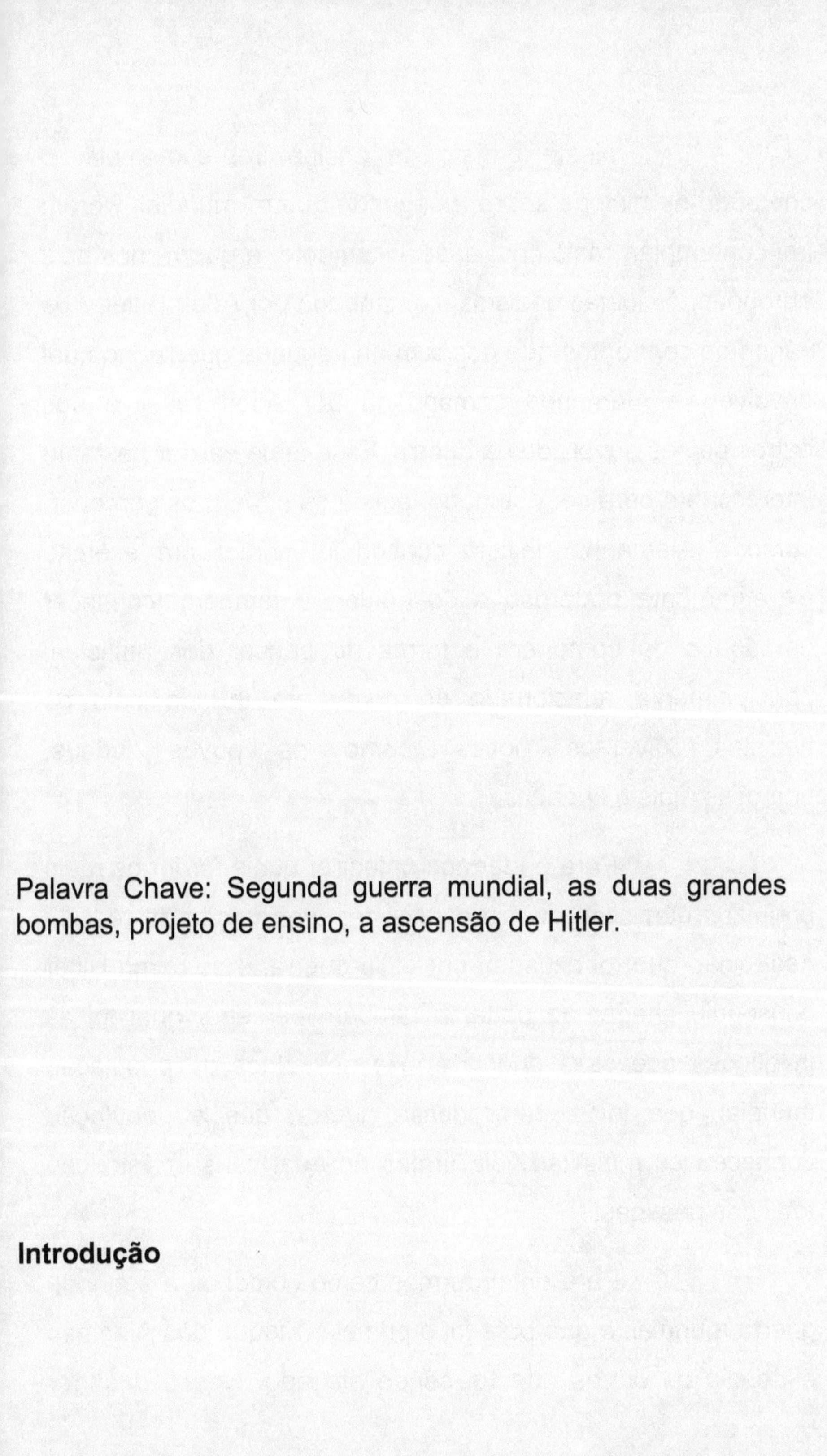

Palavra Chave: Segunda guerra mundial, as duas grandes bombas, projeto de ensino, a ascensão de Hitler.

Introdução

Neste projeto de ensino irei contemplar o conteúdo de história sobre a segunda guerra mundial. Porém irei contemplar, mais com especificamente, a guerra nos pais europeus, às ideias nazistas, comandado por Adolf Hitler e os vários os confrontos que ocorrem na segunda guerra, no qual envolveu a Alemanha comandada por Adolf Hitler e dos outros países envolvido na guerra. Esse tema vai ser bastante interessante para ser estudado, pois, nós podermos perceber, como a Alemanha nazista conseguiu montar um exército extremamente poderoso e destruidor, e também, conhecer um pouco de como era a forma de pensar dos nazistas, principalmente relacionado de como era tratado pelo os nazistas, diversos povos, como os povos judeus, homossexuais e crianças.

Para podermos entender quais foram os reais prejuízos que essa guerra causou ter uma noção da real da destruição que foi causada por essa guerra, e de como Hitler conseguiu chegar ao poder e também perceber qual foi as invenções que essa guerra trouxe aos olhos da população mundial, que foi a partir dessa guerra, que a população conheceu as mais terríveis armas no qual causa destruição total das pessoas.

Para entendermos como começou a segunda guerra mundial, a que país foi o primeiro ataque dos Alemães e depois os outros que foi sendo atacado. Nesse decorrer dessa guerra quais foram os primeiros países conquistados e o que isso significou para o mundo. Na segunda guerra mundial, os alemães possuía um campo de concentração no qual era levadas pessoas para lá para serem prisioneiros, torturados e crucificados.

Vamos entender um pouco melhor o período que durou a guerra, como em tão pouco tempo tantas pessoas forma mortas e por que essa guerra foi considerada a grande guerra mundial.

E para podermos entender um pouco melhor, escolhi duas fontes históricas, a primeira é um filme "Arquitetura da destruição" que está disponível no youtube, que na realidade é um documentário da trajetória de Hitler, de como ele lidava com a escultura, com a arte. Enfim esse documentário traz a ideia de como Hitler ascendeu ao poder e quais foi o caminho percorrido por esse império Nazista.

E a segunda fonte histórica é uma reportagem, que contém diferentes fontes históricas, como: Imagem, um mapa do continente europeu, em que teve confronto na segunda guerra mundial e também tem nessa reportagem: documentos escritos, que todas as fontes servirão de base para o projeto. E esse documento foi publicado pela a folha de São Paulo no ano de 1995, e no qual é uma publicação que está disponível em um site da internet, e essa imagem é uma excelente fonte histórica, pois nela, está toda a trajetória da Alemanha Nazista e o ano em que os confrontos ocorrerem e em que país esse confronto ocorreu.

Justificativa

O tema que escolhi para fazer o meu projeto de ensino foi à segunda guerra mundial, pois, gostei muito de estudar esse conteúdo. O principal motivo que levou elaborar esse projeto com esse tema foi por que, nessa guerra, foram inventadas várias tecnologias. Tecnologias essas que naquele momento serviu para a destruição, como foram o caso das armas muitas poderosas e as bombas atômicas. Mais outras tecnologias serve hoje para o trabalho e a necessidade de muitas pessoas, que são os casos dos programas operacionais. E a turma que pretendo realizar o projeto é para o 3° ano do ensino médio, pois é uma turma mais avançada e saberá interpretar da melhor maneira possível, tirando como base quais foram às causas da guerra e a noção de como essa guerra causou muita destruição, que era a ideia dos nazistas e se existem ideias desse tipo hoje em dia. Levando sempre em consideração o respeito pela humanidade.

O meu projeto de ensino tem muita importância, pois, é um conteúdo relacionado ao ensino de história, e como a segunda guerra mundial foi a maior de todas as guerras, esse conteúdo tem que ser bem estudado para nós podermos entender por que essa guerra aconteceu e quais foram às consequências. E é um conteúdo que contempla a docência e a pesquisa, pois, existem inúmeros materiais para pesquisa, para podermos executar um belo projeto.

É possível sim desenvolver o conteúdo da segunda guerra mundial, pois, é um conteúdo que está inserido no ensino fundamental II, e quando forem estudar no ensino médio já está por dentro do conteúdo, além de ter bibliografias para a referência do trabalho, e a bibliografia que vou consultar é "a era dos extremos" de Eric Hobsbawm e também o livro de "história contemporânea" de Fábio Luiz da Silva, o que auxiliar o pensamento do projeto, que é de buscar a pesquisa e análise sobre o tema.

Como já foi dito existem inúmeros materiais de fácil acesso sobre a segunda guerra mundial, como inúmeros filmes, vídeos no Youtube, museus virtuais, além de biografias de autores credenciados sobre o tema.

As fontes históricas escolhidas, que foi a reportagem da folha de São Paulo e o documentário escolhido, são fontes bastante interessantes pra ser trabalhado na educação básica. Pois, com a reportagem o aluno podem entender melhor como foi à expansão do exército nazista, e quais países foram sendo conquistado pelos nazistas e quando foi à destruição dos nazistas. E com a fonte o documentário, para que os alunos compreendam como foi que Hitler ascendeu no poder, e quais eram as suas estratégias de guerra.

Referencial teórico

Ao entrar em contato com o documentário sobre a segunda guerra mundial, o aluno poderá entender de como foi à ascensão de Hitler ao poder da Alemanha, para poder analisar da melhor maneira, qual, foi o impacto desse poderoso império nazista. E o filme em documentário é importante, para podermos entender de como as ideias de Hitler influenciou muito para acontecer à segunda guerra mundial.

A partir de assistir o documentário o aluno poderá a perceber de como era tratados pessoas, no qual, Hitler considerava como raças inferiores, e podem perceber se essas ideias encontram hoje na sociedade.

O uso de uma imagem televisiva é fonte histórica de muita utilidade em um projeto de pesquisa, é o que nos diz, (Moimaz, 2009) é muito importante no ensino de história, filme em sala de aula desperta no aluno a curiosidade, por ser uma fonte composta de imagens, sons, fala de outro autor, que é um meio que presta a atenção dos alunos.

Com o documentário escolhido, os alunos poderão compreender melhor o conteúdo, pois, pela a explicação de (Moimaz, 2009, p. 145), ela cita, "considerando que a TV produz programas que se consomem no instante de sua difusão, retomar uma série de imagens com os alunos sobre determinado tema, permite iniciá-los num exercício análise e reflexão".

Como ultimamente costuma-se usar filmes no ensino de história, pois, estes traz uma visão diferenciada, no ensino aprendizagem e por ser uma fonte que contém som e imagem. E sobre a utilização de filmes em sala de aula, vale ressaltar o pensamento de (Moimaz, 2009, p.146) "Geralmente, entre os programas assistidos pelos alunos, estão os filmes, muito utilizados nas aulas de história".

Quando fomos escolher um filme para assistimos, principalmente no ensino aprendizagem, vem àquela pergunta, qual é o melhor filme para este tema? É por isso que temos que ter a certeza de que estamos escolhendo o melhor filme, para não ter esta incerteza. E a respeito dessas dúvidas é o que nós podemos citar o trecho, deste autor:

> (...) quando se utiliza uma metodologia de modo impreciso – sem ter claros os objetivos educacionais – acaba perdendo a credibilidade, caindo no descrédito. (...) Que filmes utilizo? Que cenas? Essa pergunta é quase uma
> "questão íntima", pois, afinal, as cenas, filmes, diálogos que funcionam para o aluno, são aqueles que funcionam antes para o professor. O que me atinge e me faz pensar, o que evoca sentimentos e emoções, o que pede reflexão e ser compartilhado, é o que posso levar, com sinceridade e transparência até os meus alunos (BLASCO, 2006, p.64-65).

E para dar uma melhor ênfase nesse tema, também escolhi outra fonte, que é uma reportagem da folha de São Paulo, publicado no ano de 1995. E como essa fonte, podemos perceber: Imagens, mapas, texto escrito. E esta fonte histórica é riquíssima para nós compreendemos melhor, de como foi o decorrer da guerra.

E sobre este tipo de fontes históricas, que foi encontrado na internet, podemos embasar o raciocínio de Zucchi:

> Diversas bibliotecas e acervos possuem hemerotecas disponíveis para consulta pública. Além disso, diversos jornais disponibilizam publicações com materiais consideradas importantes ou mesmo acesso a exemplares de jornais antigos e atuais, por meio de seus sites ou de seus acervos arquivos. Ou seja, é um material que pode se transformar em fonte de informação histórica variada, riquíssima e de acesso

relativamente fácil. Outra questão interessante é os jornais oferecerem, além de textos escritos de diferentes tipos, imagens e fotografias (dependendo do momento histórico pesquisado) diversas (ZUCCHI, 2012, p. 100-101).

Como foi dito anteriormente essa fontes históricas é muito importante, pois, ao mostrar ela aos alunos, eles poderão analisar e interpretar de fato o processo do decorrer da guerra poderá também, relacionar qual foi às primeiras investidas do exército nazista, por meio da análise da imagem do mapa ou até mesmo pelo o texto escrito que contém nessa publicação, e ao fazer isso os alunos conseguirá analisar todo o processo dessa guerra.

Ao entrar em contato com a reportagem os alunos, não só irão interpretar o processo da execução da guerra, como também, poderão analisar as imagens na reportagem, e sobre a utilização de imagem no processo de ensino aprendizagem também podemos citar o pensamento de Moimaz (2009, p. 134) "Na produção do conhecimento histórico escolar, a imagem pode ser utilizada como meio para estruturar o pensamento em relação ao tema estudado".

E sobre esta reportagem, analisaremos com maior ênfase a guerra na Europa, pois, como foi uma guerra mundial, mais nesse projeto, daremos maior visão no continente europeu, como a reportagem já mostra isso:

Essa reportagem não só nos trazem imagens ilustrativas como também, textos para melhor interpretação e sobre a utilização desse tipo de documento podemos citar a ideia de (Moimaz, 2009, p. 133-134), que para ela:

O ensino por meio de imagens não se resume em sua utilização como mera ilustração do tema estudado ou para captar a atenção da criança, prevalecendo a linguagem oral e escrita na sala de aula, nem sempre adequadas a imagem em questão. No caso do ensino de história, é importante utilizar imagens como documentos que podem ser analisados, visando a apreensão do conteúdo estudado e sua contextualização (MOIMAZ, 2009, p. 133-134).

Quando falamos em a segunda guerra mundial, perguntamos como uma ideologia nazista conseguiu juntar tanto adeptos em um país e até mesmo no mundo? Quem foi o homem que conseguiu montar esse exército? Quem pode responder melhor essa pergunta, é o autor Hobsbawm, em seu livro "A era dos extremos".

O que uniu todas essas divisões nacionais numa única guerra global, internacional e civil, foi o surgimento da Alemanha de Hitler. Ou, mais precisamente, entre 1931 e 1941, a marcha para a conquista e guerra para aliança de Estados- Alemanha, Itália e Japão, da qual a Alemanha de Hitler se tornou o pilar central. E a Alemanha de Hitler era ao mesmo tempo era mais implacável e comprometida com a destruição de valores e instituições da "civilização Ocidental" da era das revoluções, e mais capaz de levar ao seu efeito seu bárbaro – projeto (HOBSBAWM, 2003, p. 147).

Para Hitler formar esse império ele usou várias ferramentas para ganhar adeptos e uma das mais importantes foi a propaganda é o que nos dizem (SILVA, 2013), a propaganda foi fundamental, para que Hitler conseguisse chamar a atenção de várias pessoas, pela primeira vez alguém usava esse meio para conseguir adeptos. Então foi a partir desse momento que começou a surgir os meios de comunicação que conhecemos hoje em dia, é o que nos dizem o próprio autor, (SILVA, 2013, p. 63) "Para isso, contribuiu a difusão dos novos meios de comunicação imprensa, que ao lado da comunicação oral, disseminavam todos os tipos de ideia".

Então para os nazistas eles era uma raça superior aos demais, com essa visão eles torturavam várias pessoas, principalmente judeus, com esses pensamentos Hitler, conseguiu muitos adeptos, por várias questões com uma excelente propaganda e outros meios que era cabíveis, mais com o final da guerra essas ideias nazistas foram proibidas em qual todo o planeta, ou em boa parte, mais como foi dito em uma reportagem do fantástico da rede de televisão da emissora Globo, que no Brasil existem muitos adeptos e vários blogs, com essa ideia nazista. Porém como os nazistas era considerado raça superior aos demais, eles não seria muito bem visto na visão de Hitler, o que podemos contemplar com o pensamento do SILVA:

> No caso do nazismo, uma característica a mais tornou completamente odioso: o racismo. É comum os governos totalitários encontrarem um inimigo para seu povo odiar. No caso alemão, esses inimigos foram os judeus, que foram acusados pela crise econômica da Alemanha. Os nazistas defendiam a pureza da raça ariana como condição essencial para a sua civilização,

Muitos historiadores acreditam que a caminhada para a segunda guerra mundial foi um processo lento, para (HOBSBAWN 2003) que foi a partir do ano de 1931, que esse processo começou, com Hitler no poder e se expandiu com suas ideias, e com essa ascensão Hitler conseguiu montar seus aliados e de certa forma seus prováveis inimigos.

Como já foi dito anteriormente os inimigos dos nazistas era os judeus, essas pessoas era considerado os culpados por tudo de ruim que aconteceu ou aconteciam na Alemanha nazista, e para os judeus e outros inimigos dos nazistas formam eles foram levados a campos de concentrações para ser torturado essas pessoas, e sobre esse campo de concentração quem melhor nos diz é Hobsbawm:

Afinal, os campos de concentração eram basicamente obstáculos a uma potencial oposição comunista e prisões para os quadros da subversão, um objetivo pelo o qual muitos conservadores convencionais tinham certa simpatia, e quando a guerra explodiu não haviam mais de 8 mil pessoas em todos eles. (Sua expansão num universe concetrationnaire de terror, tortura e morte para centena de milhares, e mesmo milhões, de pessoas se deu durante a guerra.) (HOBSBAWM, 2003, p. 151)

No decorrer dos meses antes da guerra, a guerra pareciam ser inevitável, pois, o pensamento nazista era de expansão do seu território. E de pensamento de superioridade raça e também a ideologia nazista, todos esses aspectos levou de fato ser o ponto crucial para a segunda guerra mundial, e para entender melhor, vamos ver o trecho em que Hobsbawm cita:

> Contudo, acordo e negociação era impossíveis com a Alemanha de Hitler, porque os objetivos políticos do nacional-socialismo eram irracionais e ilimitados. Expansão e agressão faziam parte do sistema, e, a menos que se aceitasse de antemão a dominação alemã, ou seja, se preferisse não resistir ao avanço nazista, a guerra era inevitável, provavelmente mais cedo do que mais tarde. (HOBSBAWM, 2003, p. 155)

Os outros países não queriam enfrentar em batalhas o império nazista de Hitler, mais, com o decorrer das investidas de Hitler, esse confronto ficou inevitável, é o que nos dizem (HOBSBAWM, 2003, p. 156) "Hitler errou o cálculo, e os Estados ocidentais declaram guerra, não porque seus estadistas a quisessem, mais porque a política do próprio Hitler".

Com esse processo no decorrer da guerra, principalmente de Hitler e conquistando países e mais países, mais foi somente quando os nazistas invadirem a Polônia é que realmente a guerra começou até mesmo a França foi conquistada por Hitler, e vários outros países foram bombardeados como no caso da Inglaterra, é o que nos dizem o autor (SILVA, 2013, p. 67) "Durante oito semanas, milhares de toneladas de bombas foram despejadas sobre a Inglaterra. Esse fato ficou conhecido como Batalha da Inglaterra. A destruição só não foi total devido à reação da força área britânica".

Hitler tinha um acordo com a União Soviética, mais quebrou esse acordo quando atacou a própria União Soviética, e isso lhe prejudicou seu projeto ambicioso e também a entrada dos Estados Unidos na guerra, contra os nazistas e isso foi decisivo para o famoso dia D. É o que nos dizem o autor Silva:

> Na frente oriental, os russos avançavam sobre as tropas de Hitler e se aproximavam da Alemanha, enquanto isso, norte-americanos e ingleses preparavam a invasão do continente. Em 6 de junho de 1944, ocorreu o famoso dia D, quando tropas aliadas desembarcaram na Normandia, região ao norte da França. Os alemães estavam cercados. No ano seguinte as tropas russas tomam Berlim e logo depois encontram as tropas norte-americanas. Era o final da guerra na Europa, a rendição ocorreu em 7 de maio de 1945. (SILVA, 2013, p. 68)

Com o fim das tropas nazistas na Europa, a segunda guerra mundial terminou por lá, mais no pacífico essa guerra continuo, até o dia em que o autor (SILVA 2013, p. 68-69) nos cita: "O final somente ocorreu por conta de explosão de duas bombas atômicas no território japonês, nas cidades de Hiroshima (6 de agosto) e Nagazaki (9 de agosto)". Esses acontecimentos foram Inéditos, pois nunca ninguém tinha visto algo igual, é o que nos dizem o próprio autor (SILVA 2013, p. 69) "O poder destrutivo dessa arma, na época, uma completa novidade, obrigou o Japão a render-se em 2 de setembro de 1945". Depois desses episódios o Japão se rendeu, levando o final da guerra.

Por todos esses acontecimentos, tanto em confrontos armados quanto com o uso de armas nucleares, essa guerra foi considerada por muitos historiadores, como uma das piores de todas, desde morte de milhões de pessoas, com muitas pessoas feridas, até as várias cidades totalmente destruídas. A Europa, por exemplo, terminou a segunda guerra mundial totalmente destruída, o que levou os Estados Unidos a inserê-lo programas de recuperação no continente europeu. Como o decorrer da guerra foi quase todo no continente europeu, os Estados Unidos foi o maior beneficiário da guerra, com poucas perdas e se tornando a primeira economia mundial.

Portanto foi a partir dessa guerra que começaram a surgir as mais sofisticadas tecnologias, de sistemas computadorizais, e de meios de propagandas, como: reportagem, jornais e outros. Enfim por esses e muitos outros motivos à segunda guerra mundial é considerada a grande guerra.

Série/ano para qual o projeto se destina

O projeto se destina a ser executado no 3° ano ensino médio.

Objetivos

Identificar quais foram os fatores que desencadearam a segunda guerra mundial.

Caracterizar diferentes momentos do conflito, e quais foram às consequências da segunda guerra mundial.

Analisar o pensamento nazista na época da segunda guerra mundial, baseando com alguns seguidores da atualidade, que utiliza os mesmos pensamentos nazistas, principalmente os adeptos do Brasil.

Problematização

Quando falamos em segunda guerra mundial
vem logo em nossa cabeça, a ideia de que Hitler foi o culpado

da guerra, que foi ele o causador da morte de milhões de pessoas, e muito outros malefícios para a população mundial. Sim, ele foi umas das pessoas, que veio com as ideias nazistas, mais será que ele foi o único causador da guerra, será que um único homem conseguiria sozinho montar um exército tão poderoso, em relação ao decorrer da guerra, será que a Alemanha de Hitler foi à única culpada, será que uma guerra que provocou a morte de milhões de pessoas teve vencedor e perdedor, essas perguntas podem fazer no início do projeto e podemos fazer essa pergunta novamente no final do projeto.

Logo início do projeto e depois de assistir ao filme já vai problematizar o conteúdo, com uma pergunta, o que fez como uma pessoa aderisse tanto adeptos? E esses tipos de pergunta vã acontecer em todo o decorrer do projeto, pois, Hitler usou uma arma poderosa que nunca tinham visto que foi a propaganda.

Outra pergunta que podemos fazer para os alunos é sobre a imagem, com a seguinte pergunta: Analisando a imagem, podemos perguntar, será que todos os países da Europa participaram da guerra? Ou ficaram alguns países que ficou de fora da guerra? Relacionando a guerra como mundial, podemos perguntar a seguinte pergunta, será que todos os países do mundo participaram da guerra? E voltando mais ainda para a nossa realidade, podemos perguntar outra pergunta, o Brasil participou da segunda guerra mundial? Essa resposta pode ser analisada em outras fontes históricas, o que de fato o Brasil enviou vários soldados para participar da guerra, que eles foram enviados para a Itália.

E no decorrer do projeto podemos pergunta aos alunos, se os campos de concentrações foram feitos justamente, para os prisioneiros dos nazistas ou se já existiam esse tipo de construção. Podemos nos perguntar, como será que eram os tipos de execução dos prisioneiros? Essas e as outras perguntas podem fazer quando os alunos terão a oportunidade de buscar novas fontes, para que sua pesquisa possa ser contemplada, e podemos realizar em sala de informática.

Podemos perguntar também, por que essa guerra foi considerada a pior de todas? Tanto relacionado à morte de milhões de pessoas, como também a destruição de massa de várias cidades. Essas perguntas podem fazer depois da análise da imagem e também depois de os alunos terem assistido ao filme.

Outra pergunta que podem ser feita, é se esta guerra poderia ser evitada? Podemos fazer essa pergunta em todo o decorrer do projeto, porque para muitos historiadores, essa guerra não poderia ser evitada, pois, Hitler tinham um projeto muito ambicioso e nada não poderiam evitar a guerra.

Como podemos ver em todo o projeto que os Estados Unidos só participaram da guerra no final e sendo decisivo para o final da mesma. Pois bem, em todo o decorrer da guerra os Estados Unidos foi quase um espectador e também um país que vendiam produtos para todos os países envolvidos na guerra, mais os Estados Unidos foi decisivo para o final, principalmente, relacionado ao ataque a Alemanha nazista e por atirar duas bombas atômicas no Japão. Mais será que os Estados Unidos podem ser considerados o grande vencedor da guerra e a Alemanha o pior perdedor da guerra, essas perguntas, poderão ser feita no início e no final do projeto, para podermos perceber o processo da execução do projeto. O que podemos analisar juntos aos alunos, que uma guerra que morreu milhões de pessoas e cidades totalmente destruídas, que de fato não houve vencedores, ou seja, houve os países que teve mais poucas perdas. E podemos perguntar outra pergunta, qual foi o país que conseguiu inovar nas tecnologias? Tecnologias essas para o bem e para o mal da humanidade, essa pergunta podemos fazer na parte final do projeto. São essas perguntas que serão feitas no decorrer do projeto.

Processo de desenvolvimento

O projeto de ensino sobre a segunda guerra mundial será realizada de várias maneiras, primeiramente será realizado em sala de aula um conhecimento prévio do aluno sobre o tema, e depois serão analisados duas fontes históricas, um documentário e uma imagem sobre o tema, também serão realizados outros tipos de pesquisa para que eles consigam compreender de que forma a segunda guerra mundial foi causada as suas consequências, e quem foi considerado o principal responsável pelo acontecimento da guerra.

Na primeira aula será realizado um levantamento prévio dos alunos, sobre o conteúdo "segunda guerra mundial", nesse início vai servir de base para o prosseguimento do trabalho. Em seguida farei uma pequena introdução do conteúdo e explicarei quais serão as fontes utilizadas na execução do projeto.

Na segunda e terceira aula levarei aos alunos a sala de vídeo onde eles assistirão ao filme "arquitetura da destruição", esse é filme raro que trata da caminhada de Hitler rumo à destruição, que veio com início da segunda guerra mundial.

Na quarta aula, após os alunos terem assistido ao filme, falarei aos alunos para que eles analisem o filme, da seguinte forma: Qual o conteúdo do filme, quem é o personagem no qual o filme narra à trajetória, qual foi à mensagem em que o filme passou, qual foi o momento do filme que trouxe mais impacto para você, e qual foi à contribuição do filme para estudo do conteúdo segunda guerra mundial.

Na quinta aula analisaremos uma imagem que estará disponível no seguinte endereço eletrônico:

http://f.i.uol.com.br/folha/especial/images/13045658.jpeg

Depois que eles acessarem a imagem disponível na internet, colocar os alunos para analisar a imagem, de forma crítica, para eles perceber o trajeto percorrido pelo império nazista, quais foram os países envolvidos no confronto, perceber também quais foram os territórios anexados pelos nazistas e quais foram esses períodos desses confrontos, e depois de analisar a imagem, pedir aos alunos para que eles façam um cartaz relacionado ao tema.

Na sexta aula aprofundaremos mais a pesquisa, buscando outras fontes para contemplar o nosso projeto, por analise de novas fontes que possa enriquecer o nosso trabalho.

Na sétima aula a partir das pesquisas feitas e das análises das fontes disponíveis fazermos um debate em sala de aula sobre o conteúdo estudado, para que possamos debater sobre o conteúdo trabalhado, para podermos tiramos as dúvidas existentes.

Na oitava aula, e para finalizar o nosso projeto, faremos com uma avaliação, a avaliação será individualmente, no qual os alunos vão fazer um pequeno texto, mostrando toda a sua aprendizagem do conteúdo desde o primeiro momento ao termino do projeto.

Tempo para a realização do projeto de ensino

Cronograma do projeto de ensino em história	
Tema:	A segunda guerra mundial
( ) Ensino fundamental (x) Ensino médio Ano escolar: 3° ano	
Data da aula:	**Atividades**
23/05/2016	Pequena introdução do conteúdo e conhecimento prévio dos alunos. E falar aos alunos quais serão as fontes que utilizaremos no decorrer do projeto.
24/05/2016	Levar os alunos a sala de vídeo, para que eles assistam ao filme, "Arquitetura da destruição".
30/05/2016	Continuar assistindo o filme.
31/05/2016	Depois de os alunos terem assistido ao filme, pedir aos alunos para que eles façam um relato sobre o filme e em seguida faremos um debate sobre o tema.
06/06/2016	Levaremos os alunos na sala de informática, para que eles acessam o site da imagem e em seguida analisaremos a mesma.
07/06/2016	Nesse momento fazemos uma pesquisa relacionado a segunda guerra mundial, para enriquecer a nossa pesquisa.
13/06/2016	Nesse momento faremos um debate em sala de aula, bem aprofundado, com pronúncias de todos os alunos, sobre o conteúdo estudado.

14/06/2016	Nesse momento faremos uma avaliação individual, por meio de um pequeno texto, falando de toda a sua experiência no decorrer do projeto.

Recursos humanos e materiais

Computadores, televisão, pen drive, laboratório de informática, reportagem, imagem, folha de oficio, caneta, quadro, cartazes, pincel, livros científicos.

Avaliação

Começaremos o projeto com a avaliação diagnóstica, com o conhecimento prévio do aluno, para verificar os que os alunos já sabem sobre o conteúdo, para podermos determinar as metodologias para alcançar os objetivos do projeto. A avaliação será realizada a todo o momento, Por meio de participação individual e por meio de participação em grupo, sendo esta de caráter processual, pois, dará mais ênfase ao ensino aprendizagem do aluno, e no decorrer de todo o processo serão realizadas avaliações, pois, buscaremos um ensino voltado para a aprendizagem do aluno, e fazer avaliação no trabalho é muito importante, para que eles consigam assimilar o conteúdo do projeto. E o decorrer de todo o projeto a avaliação será baseado nos aspectos qualitativos sobre os quantitativos, pois, sempre buscaremos um ensino aprendizagem, voltado para a experiência de cada aluno no projeto realizado.

Referências bibliográficas

BLASCO, Pablo González. **Educação da afetividade através do cinema.** Curitiba, PR, IEF-Instituto de Ensino e Fomento, 2006.

Moimaz, Érica Ramos

Metodologias do ensino de história : história / Érica Ramos Moimaz. – São Paulo: Pearson Education do Brasil, 2009.

Zucchi, Bianca Barbagallo

O ensino de história nos anos iniciais do ensino fundamental: teoria conceitos e uso de fontes/ Bianca Barbagallo Zucchi.- São Paulo: Edições SM, 2012. – (Somos mestres)

HOBSBAWM, Eric. **Era dos extremos**: o breve século XX (1914-1991). São Paulo: Cia das letras, 2003.

Silva, Fábio Luiz da

História contemporânea / Fábio Luiz da Silva. – 1. Ed. – São Paulo: Pearson Education do Brasil, 2013.

http://f.i.uol.com.br/folha/especial/images/13045658.jpeg

https://www.youtube.com/watch?v=gDqGT4xepjQ

https://www.google.com/search?source=univ&tbm=isch&q=imagem+das+bombas+do+japa%C3%B5&sa=X&ved=2ahUKEwijz5u99Y_qAhXXILkGHctBCX8Q7Al6BAgJEBk&biw=1366&bih=657#imgrc=YPrnINbK2-6LSM

9 798655 532267